AF253938

MONTANO

ET

STÉPHANIE,

OPÉRA

EN TROIS ACTES,

Paroles du Citoyen DEJAURE, et Musique du Citoyen BERTON.

Représenté, pour la première fois, sur le théâtre de l'Opéra-Comique, en germinal, an 7.

A PARIS,

Chez BARBA, Libraire, palais du Tribunat, galerie derriere le Théàtre Français de la République, n°. 51,

AN X. (1802.)

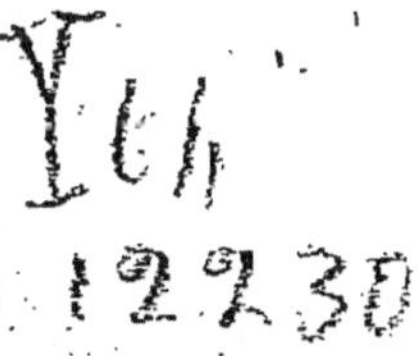

DEJAURE, JEUNE,

A M. GAVAUDAN.

Vos talens ont déterminé l'accueil flatteur que le public à fait à cet ouvrage. En vous le dédiant, je crois acquitter une dette; daignez en accepter l'hommage comme un tribut de ma reconnaissance.

SALUT et CONSIDÉRATION.

Mademoiselle Jenny, artiste justement regrettée du public, a été remplacée, dans le rôle de Stéphanie, par madame Gavaudan qui a mérité d'y recevoir le même tribut d'applaudissement et d'éloges. Enfin le talent des artistes, chargés des autres rôles, ne laisse rien a desirer dans l'exécution de cet ouvrage.

PERSONNAGES.	ACTEURS.
LÉONATI.	*Philippe.*
STÉPHANIE, fille de Léonati.	Mme *Jenny Bouvier.*
MONTANO.	*Gavaudan.*
ALTAMONT.	*Andrieux.*
SALVATOR.	*Solié.*
FABRICE.	*Fleuriot.*
CHEVALIERS.	

Femmes de Stéphanie.
Villageois et Villageoises, habitans de Syracuse.

La scène se passe dans une campagne près de la ville de Syracuse.

L'action se passe au commencement du deuxième siècle, lorsque les Syracusains eurent secoué le joug des Sarrasins d'Afrique.

MONTANO

ET

STÉPHANIE.

ACTE PREMIER.

Le théâtre représente un parc ; d'un côté on voit le château de Léonati, avec un balcon en saillie.

SCENE PREMIÈRE.

STÉPHANIE, PLUSIEURS FEMMES.

STÉPHANIE.

La belle soirée ! Quelle douce fraîcheur on respire ! hâtons-nous d'achever notre ouvrage, ce nœud qui doit orner l'épée de mon père, cette écharpe qui doit parer Montano, au moment ou nous confirmerons à l'autel le serment de nous aimer toujours.

Air.

Oui, c'est demain que l'hymenée,
Cher Montano, va combler tous nos vœux ;
Oui, c'est demain que les plus tendres nœuds
Vont unir notre destinée ;
Mais pourquoi donc en y songeant,
Mon cœur éprouve-t-il un trouble involontaire ;
Pourquoi frémir de ce moment,
Devons nous redouter l'objet qui sut nous plaire,
Des liens si chers et si doux
Ont obtenu l'aveu d'un père,
Et je ne puis douter du cœur de mon époux ;
Non bannissons ce trouble extrème,
Qui veut s'emparer de mon cœur,

MONTANO

Je vais m'unir à ce que j'aime,
Je ne dois plus songer qu'au bonheur.

Cher Montano, oui c'est demain.

Voilà notre ouvrage qui est fini ; mais qu'entends-je ?...
(*On entend un bruit d'instrumens champêtres.*)

UNE DES FEMMES.

Ce sont les habitans de ce canton ; ils ont appris que mademoiselle se marie demain, ils viennent la féliciter.

SCENE II.

Les précédens, VILLAGEOIS ET VILLAGEOISES,
qui descendent des côteaux.

C H OE U R.

Allons, présentons notre hommage
A l'innocence, à la beauté,
Partageons la félicité
De ceux dont la nôtre est l'ouvrage.

(*Jeunes filles qui présentent des fleurs à Stéphanie.*)

Jeune et bonne demoiselle
Recevez ces fleurs des champs,
Ce sont là les seuls présens
Que peut offrir notre zéle;
Mais il sont du moins à vos yeux
L'emblême d'une ame pure.
Ah ! votre cœur est comme eux
Un bienfait de la nature.

STÉPHANIE.

Chant.

J'accepte avec plaisir les dons que vous m'offrez,
Aux dons les plus brillans ils seront préférés,
Demain ils seront ma parure,

SCENE III.

L E S P R É C É D E N S , M O N T A N O ,
*Plusieurs domestiques de Montano portant des corbeilles
qui renferment les présens de noces.*

M O N T A N O.

Recevez aussi ces présens,
Ah ! recevez aussi l'hommage
Du plus fidèle des amans.

S T É P H A N I E.

Cher Montano, tout me présage
Une félicité qui sera votre ouvrage.

Chœur.

Soyez à jamais heureux,
Jeunes amans dont la tendresse
Va former les plus doux nœuds,
Qu'à combler tous vos vœux
Le ciel toujours s'empresse.

S T É P H A N I E, *aux villageois.*

Et vous, soyez demain témoins de nos sermens,
Mes bons amis, votre présence
Nous portera bonheur dans de si doux momens·

M O N T A N O.

Oui, mes amis, votre présence
Nous portera bonheur dans de si doux momens.

Chœur.

Oui, nous serons témoins de vos sermens.

M O N T A N O.

Songez à mon impatience
Et soyez prêts de grand matin.

Chœur.

Oui, nous serons demain
Levés de grand matin,
Le jour d'un si beau mariage,
Nous ne songerons qu'au plaisir,
Danser, chanter, nous divertir,
Ce sera notre seul ouvrage ;
Oui, nous serons demain
Levés de grand matin.

SCENE IV.
STÉPHANIE, MONTANO.

MONTANO.

Ah ! Stéphanie ! voyez comme tout ce qui nous entoure est heureux du bonheur qui nous attend ! et Léonati, votre respectable père : il m'a déjà nommé son fils ; ma Stéphanie, nous embellirons la retraite de ce guerrier vertueux que chérit et qu'honore Syracuse ; demain les habitans de cette ville viendront en foule partager son ivresse ; combien il sera surpris et charmé !

STÉPHANIE.

Oh ! mon cher Montano !

MONTANO.

Il ne manque à ma joie que la présence d'Altamont, de cet ami si cher : faut-il que loin de nous, occupé à servir l'Etat, il ne puisse être témoin de notre hyménée. Ah ! qu'il m'eût été doux de le voir sourire au bonheur que je vais goûter ! Mais voici Léonati.

SCENE V.
LES PRÉCÉDENS, LEONATI.

LÉONATI, *à plusieurs domestiques qui le suivent.*

Que tout se ressente de ma joie, que toutes les portes du château soient ouvertes demain dès la pointe du jour, que l'abondance règne par-tout ; je veux que le pauvre soit admis ici comme le riche ; que le pauvre soit le mieux traité. Puisse le plus malheureux oublier ses peines dans les plaisirs d'une fête qui assure la félicité du reste de mes jours.

TRIO.
LÉONATI.

O ! mes enfans, déjà mon cœur
Nage dans la plus douce ivresse ;
O ! mes enfans, votre bonheur
Me rend le feu de ma jeunesse.

MONTANO, STÉPHANIE.

Ah! quelle doux moment pour mon cœur,

Un père approuve { mon ivresse
{ ma tendresse,

Nous vous devons notre bonneur,
Nous vous rendrons votre jeunesse.

LÉONATI.

En vous aimant toujours, vous comblerez mes vœux.

MONTANO et STÉPHANIE.

Ah! combien vous serez heureux!

LÉONATI, *à sa fille.*

Songe sans cesse que ton père
Te choisit un époux plein d'amour et d'honneur.

STEPHANIE.

Ah! je sens tout le prix d'une faveur si chère.
D'un choix si doux et si flateur.

LÉONATI.

Portrait d'une mère chérie,
Ma fille à ses traits, sa candeur,
Sur-tout sa modeste douceur
Elle fait l'orgeuil de ma vie

MONTANO.

Elle fera bientôt l'orgeuil de son époux

LÉONATI.

Mes enfans, que l'indifférence,
Que le soupçon, la défiance
Jamais ne s'emparent de vous.

MONTANO, STEPHANIE.

Jamais, jamais l'indifférence,
Le soupçon, ni la défiance
N'oserons approcher de nous.

LÉONATI.

Que toujours la délicatesse,
La confiance, la tendresse,
Rendent vos nœuds encor plus doux.

MONTANO, STEPHANIE.

Oui toujours la délicatesse,
La confiance, la tendresse
Rendrons nos nœuds encor plus doux.

LÉONATI.

Ma fille, il est tems de rentrer, les premiers rayons de
l'aurore doivent éclairer l'auguste cérémonie qui mettra le
sceau à ton hymen, le soleil se couche dans tout son éclat ;
j'espère qu'il se levera demain sans nuages. Adieu, Montano, adieu mon fils.   B

MONTANO.

A demain Stéphanie !

STÉPHANIE.

Oui, à demain.

SCENE VI.

MONTANO, *seul.*

Stéphanie ! c'est la dernière fois que ces murs me sépare-
ront de toi ; demain tu es à moi…. à moi pour jamais. Demain, que ce terme est encore long !

SCENE VII.

MONTANO, ALTAMONT.

ALTAMONT.

Montano !

MONTANO.

Altamont, c'est toi !

ALTAMONT.

Eloigné depuis long-tems de Syracuse, j'ai obtenu un
congé qui me permet de revoir mon ami.

MONTANO.

Et je suis au comble de mes vœux ! tu arrives à tems pour
être témoin de mon bonheur !

ALTAMONT.

De ton bonheur ?

MONTANO.

Conçois ma félicité, ce que le ciel a formé de plus aimable, des traits doux et charmans, un cœur naïf, une
ame céleste ; tel est l'objet auquel je vais m'unir ; enfin,
cher ami ! j'épouse Stéphanie !… Mais, tu soupires, est-il
arrivé quelque malheur ?

ALTAMONT.

Non.

MONTANO.

Serais-tu menacé de quelque danger ?

ALTAMONT.

Non.

MONTANO.

Tu me rassures !

ALTAMONT.

Montano... tu te marie demain ?

MONTANO.

Sans doute, pourquoi cette question ?

ALTAMONT.

Ah ! mon ami !

MONTANO.

Que veux-tu dire ? Cacherais-tu quelque secret fatal ?

ALTAMONT.

Il est vrai....

MONTANO.

S'agirait-il de moi ? n'appréhende pas de m'ouvrir ton ame, je te le demande, je l'exige, au nom de l'amitié.

ALTAMONT.

Que ne puis-je cacher à jamais ce mystère affreux !

MONTANO.

Je veux le savoir ; c'est tromper son ami que de lui taire, même ce qui peut l'affliger.

ALTAMONT.

Tu as raison ; mais qu'il m'en coûte de te réveiller, lorsque le rêve le plus doux te berce de ses illusions.

MONTANO.

Parle.

ALTAMONT.

Apprends tout ; apprends que cette beauté que tu adores qui va recevoir le titre de ton épouse...

MONTANO.

Qui ! Stéphanie !

ALTAMONT.

Te trahit.

MONTANO.

Stéphanie ! la vertu ! l'ingénuité même.

ALTAMONT.

Te trahit, te dis-je.

MONTANO.

Altamont !... si tout autre que toi eût osé faire outrage à Stéphanie, déjà ma juste fureur....

 MONTANO

ALTAMONT.

Montano.

MONTANO.

On ta trompé.

ALTAMONT.

Je le voudrais ; mais c'est envain que tu te flattes ; on m'a
dévoilé toutes les circonstances de cette noire intrigue ; on
m'a tout appris , excepté le nom de ton rival.

MONTANO.

Non , je ne puis te croire, non Stéphanie ne saurait me
trahir. Les preuves ? où sont elles ? Songes qu'il faut les plus
fortes , pour accuser un sexe faible , qu'il est si aisé de ca-
lomnier.

ALTAMONT.

Les preuves ?... Trouves-toi ici... ici même dans quelques
instans , tu verras Stéphanie introduire un homme sur ce
balcon.

MONTANO.

Un homme ?

ALTAMONT.

Tu la verras s'enfermer avec lui , dans son appartement ,
cette nuit même qui précède le jour de tes noces.

MONTANO.

Dieu ! si Stéphanie était capable de pousser jusqu'à ce
point la dissimulation et la perfidie. . . .

ALTAMONT.

Un juste mépris serait le châtiment de la coupable.

MONTANO.

Ami , quel trouble tu as jeté dans mon cœur.

ALTAMONT.

Point de faiblesse ; des preuves trop évidentes ne tarderont pas à dessiller tes yeux prévenus.

MONTANO.

O ! soupçon trop fatal !

ALTAMONT.

O ! malheur prévenu à tems ! voilà ce que tu diras , lorsque
tu auras vu.

MONTANO.

Oui , je verrai, je m'éclaircirai ; il y va de mon bonheur ,
de ma vie...,

ALTAMONT.

Je serai près de toi.

MONTANO.

J'y compte ; je veux que d'autres témoins encore puissent
attester le crime ou la vertu de Stéphanie ; je cours les ras-
sembler.

ALTAMONT.

Va , tu me retrouveras ici.

MONTANO.

Ami , tu connais ce cœur impétueux ; tu sais la violence
de ses transports. Ah ! si Stéphanie me trahit , si tant de
perfidie est le prix de tant d'amour , frémis de mes fureurs !
frémis de l'excès de ma rage ! Mais non , elle m'aime , elle
est dans l'âge de l'innocence; sa candeur , sa timidité , tout
me rassure , tout me fait espérer qu'elle est encore vertueuse,
qu'elle est encore digne de moi. Adieu , je reviens promptement.

SCENE VIII.

(*Quart de nuit.*)

ALTAMONT, *seul.*

Hymen cruel ! hymen qui m'eut donné la mort ! je par-
viendrai donc à te rompre ? Qui , moi ? Je brûle pour Stéphanie; tu l'ignores , Montano ! tu l'ignoreras toujours , fatal ami! Je n'attendais que mon retour pour la demander à
son père , tu m'as prévenu , je l'apprends , j'accours pour te
la disputer , il n'est plus tems ; le mariage est fixé à demain.

RECITATIF.

Non , il ne s'accomplira pas.

Air.

Non, je n'ai plus à choisir, profitons des instans,
Le tems presse, s'envole et la douleur m'entraine.
La jalousie à remplis tous mes sens.
N'écoutons plus que sa rage inhumaine ;
Eh ! quoi , dans mon cruel transport ,
Je serai sans pitié pour elle.
Si vertueuse et si belle,
Ah ! mon cœur palpite avec effort ,
Est-ce fureur, est-ce remord ,

Non, je n'ai plus à choisir, il n'est plus d'espérance,
Amour, haine, vengeance,
Venez, secondez ma fureur,
De mes tourmens, de ma souffrance,
Egalez s'il se peut toute la violence,

Venez, secondés ma fureur ! etc.

SCENE IX.

ALTAMONT, FABRICE.

ALTAMONT.

Eh bien, Fabrice, tout est-il préparé ?

FABRICE.

Tout ; une des femmes de Stéphanie est entièrement dans nos intérêts.

ALTAMONT.

Je puis donc être sûr ?

FABRICE.

J'ai tout arrangé ; je l'ai quittée au moment où elle allait se revêtir des habits de sa maîtresse.

ALTAMONT.

Lui as-tu bien recommandé de s'ajuster de manière qu'à travers l'obscurité, on ne puisse s'appercevoir du stratagême ?

FABRICE.

N'ayez point d'inquiétude, c'est la même taille, le même air... Il serait impossible de ne pas s'y méprendre.

ALTAMONT.

Cela est bien important !

FABRICE.

Convenez que je vous ai donné un bon conseil, que j'ai eu là une idée bien heureuse ; je vous vois ce matin affligé, désespéré, prêt à vous percer le cœur ; moi, je vous aime, j'ai pitié de vous.... Il me vient tout-à-coup une idée lumineuse, je vous la communique, vous l'adoptez, elle vous rend le courage . . . . ne dois-je pas m'applaudir d'avoir sauvé la vie de mon maître ?

ALTAMONT.

Puisses-tu dire vrai ?

FABRICE.

En tout cas, je suis assez puni de mon invention, puisque vous avez voulu que j'en fusse le principal acteur, le rôle d'homme à bonne fortune est souvent périlleux.

ALTAMONT.

Qu'as-tu à craindre ?

FABRICE.

Eh ! si le seigneur Montano . . . vous m'entendez ? . . Arrêtez-le à tems, au moins.

ALTAMONT.

Sois tranquille ; mais j'entends du bruit, retires-toi, enfonce bien ton chapeau.

FABRICE.

Oui, seigneur.

ALTAMONT.

Enveloppes-toi tout-à-fait dans ton manteau, songes à tout !

FABRICE.

Et vous, songez à ne pas me laisser dans l'embarras.

ALTAMONT.

On vient, sors vîte.

SCENE X.

(*Nuit profonde.*)

ALTAMONT, MONTANO, *et ses amis.*

FINAL.

MONTANO et le CHOEUR.

Avançons en silence !
Sur-tout de la prudence !

MONTANO.

Altamont !

ALTAMONT.

Me voici.

MONTANO.

Amis, je ne puis croire encore
Que Stéphanie ait osé me trahir,
Quelle trompe à ce point un amant qui l'adore.

ALTAMONT.

Encor quelques momens et tu va t'éclaircir,
Mais avec calme, avec prudence,
Il faut t'assurer du forfait,
De l'ingrate qui t'offence,
Point de transports indiscrets.

Chœur.

C'est avec calme, etc.

MONTANO.

Ah ! s'il est vrai qu'elle m'offence,
O ! douleur ! ô ! regrets !

ALTAMONT.

Silence !

Chœur.

Silence !

ALTMONT.

Je vois un homme qui s'avance
Enveloppé de son manteau.

Chœur.

Oui, vers le balcon il s'avance
Enveloppé de son manteau.

MONTANO.

Mon cœur plein d'un trouble nouveau,
Frémis d'impatience.

Chœur.

Sous ces arbres cachons-nous.
(a Montano.)
Ah ! sur-tout contenez-vous.

(*Ils se cachent ; on voit Fabrice qui se glisse le long de la*
muraille.)

MONTANO.

Je n'entend rien, encore rien ne frappe ma vue.
(*On entend un signal.*)
O ! ciel, serait-ce le signal.

ALTAMONT et le CHŒUR.

Oui, c'est sans doute le signal.

MONTANO.

De crainte mon ame est émue.
O ! moment trop fatal !

(*Une fenêtre s'ouvre ; une femme vient sur le balcon , elle*
doit être exactement vêtue comme l'était Stéphanie ; elle
jette une échelle de corde à Fabrice , celui-ci monte.)

ENSEMBLE.

Amis ! tu vois, c'est elle.

MONTANO.

Amis ! est-ce bien elle.

Chœur.

Oui, seigneur, oui, c'est elle.

(*ils s'approchent doucement.*)

ALTAMONT et le CHOEUR.

Plus de doute c'est elle !
On reconnait encor, malgré l'obscurité,
L'habit que la perfide en ce jour a porté,
Plus de doute, elle est infidelle.

MONTANO.

(*Tirant son épée, s'élance vers le balcon, ses amis le retiennent.*)

Malheureux ! vous allez périr !

ALTAMONT et le CHOEUR.

Arrêtez imprudent ! sachez vous contenir.

MONTANO.

Non, je veux venger mon injure,
Il est donc vrai, mes yeux l'on vu,
C'était là ce cœur ingénu !
Je l'adorais, ah ! la parjure.

ALTAMONT et le CHOEUR.

Pour prix de sa trahison
Vous devez, à la parjure,
Le mépris et l'abandon.

MONTANO.

Tremble ! tremble, parjure !

(*Ensemble.*)

Je n'écoute que ma fureur,
Trahir un cœur aussi sensible.

ALTAMONT et le CHOEUR.

Viens, sors de ce lieu plein d'horreur,
Calme ton ame trop sensible !

MONTANO.

La vengeance la plus terrible
Signalera ma fureur.

ALTAMONT et le CHOEUR

Ah ! calme ce transport terrible,
Sors de ce lieu pleins d'horreur.

Fin du premier Acte.

une femme paraît.

ACTE II.

Le théâtre représente un vaste vestibule gothique qui conduit à une chapelle ; au fond est un rideau ; il fait encore un peu obscur : c'est le moment du crépuscule.

SCENE PREMIERE.

(Demi-nuit.)

ALTAMONT, FABRICE.

(Altamont entre d'un air agité , et marche à grands pas.)

FABRICE.

Eh ! pourquoi tant de trouble ? Tout n'a-t-il pas réussi au-delà de vos espérances ? J'ai remis, de votre part, à la suivante de Stéphanie la somme convenue, je vous réponds d'elle comme de moi, nul témoin déposera contre vous, que demandez-vous de plus.

ALTAMONT.

Eh ! malheureux ! aurais-je commis un crime sans en recueillir le fruit.

FABRICE.

Qu'est-il donc survenu ?

ALTAMONT.

Rien n'est changé aux préparatifs de ce fatal mariage.

FABRICE.

Comment ; est-ce que le seigneur Montano ?....

ALTAMONT.

Je ne sais plus que penser ; nous l'avons reconduit chez lui , dans les premiers transports de sa fureur, il a voulu forcer le château, y joindre, y frapper la perfide ; tout-à-coup changeant de dessein , il écrivait à Léonati ; mais dans l'agitation où il est , peut-il suivre une idée ? Il a voulu rester seul ; je le quittais, il me rappelle pour me dire ces mots : je verrai jusqu'où se portera sa hardiesse ; ces paroles, mon crime, mon funeste amour, tout m'épouvante; effrayé, éperdu, j'allais, j'errais... j'apperçois cette chapelle, elle était ouverte, j'entre... c'est ici qu'ils devaient s'unir ! Montano oserait-il encore épouser Stéphanie ?

FABRICE.

Je ne puis le croire.

ALTAMONT.

Serais-je découvert ?

FABRICE.

C'est impossible.

ALTAMONT.

L'heure approche; je suis dévoré d'amour et de jalousie. Ce lieu ! il ajoute encore à mon trouble. Oui, cette vaste enceinte, ces voûtes élevées, retentissantes, tout en impose à mon ame; il me semble que je suis plus près de cet œil qui voit tout, et auquel les plus sombres replis du cœur ne peuvent échapper.

FABRICE.

Ah ! seigneur ! je n'ai rien à me reprocher.

ALTAMONT.

Songes toujours à être discret; si tu me trahis !...

FABRICE.

Comptez sur ma fidélité.

ALTAMONT.

Sortons; mon cœur serré, oppressé, ne peut respirer ici.

FABRICE.

Un moment, seigneur ! voici ce parent de Léonati, arrivé hier de Syracuse, pour unir Montano et Stéphanie; il pourra vous dire s'il est survenu quelque chose de nouveau.

SCENE II.

LES PRÉCÉDENS, SALVATOR.

(Pendant cette scène le théâtre s'éclaire par dégré.)

SALVATOR.

Quoi, c'est vous seigneur Altamont ?

ALTAMONT.

Est-ce toujours ce matin, qu'ils s'unissent ?

SALVATOR.

Oui, seigneur, déjà tout le monde est réveillé dans le château, et se dispose pour la fête.

ALTAMONT, *à part.*

Ah ! je vois tout, et combien je suis puni !

SALVATOR.

C'est sans doute le mariage de votre ami qui vous a fait dé-
vancer l'aurore et entrer dans ce lieu ? la belle matinée ! il
semble que la nature ait pris soin de se parer pour augmenter
encore le bonheur de ces jeunes époux.

ALTAMONT, *à part avec trouble.*

Leur bonheur !

SALVATOR.

Que ces premiers rayons du jour sont doux et brillans !
Heureux celui dont l'âme est pure comme eux, heureux
qui peut, en s'éveillant, descendre sans trouble dans son
cœur.

ALTAMONT, *à part.*

Quelle terreur ces mots jettent dans le mien ! (*haut à Salvator.*) Souffrez que je vous quitte, je vais au-devant de mon
ami. . . . (*à part, en sortant.*) Heureux qui peut descendre
sans trouble dans son cœur.   (*ils sortent.*)

SCÈNE III.

SALVATOR, *seul.*

Oui, mon âme éprouve ce matin un ravissement inexpri-
mable ! une joie céleste me pénètre.

ROMANCE.

Quand on fut toujours vertueux !
On aime à voir lever l'aurore,
À s n aspect délicieux
L'homme juste est plus calme encore ;
Plus receuilli dans ce moment,
Il jouit d'une ivresse pure ;
Et rien pour lui n'est si touchant,
Que le réveil de la nature.

Je vais encore combler les vœux
D'une tendre et sensible amante,

A la main d'un amant heureux,
Je vais unir sa main tremblante ;
L'attente d'un si beau moment ,
Me remplit d'une ivresse pure
Et me rend encor plus touchant
Le doux réveil de la nature.

Les habitans du canton, ceux de Syracuse ne tarderont pas à remplir cette enceinte ; déjà j'entends leurs cris tumultueux, allons nous préparer aux augustes fonctions que je dois remplir. (*il s'éloigne et va vers le fond.*)

SCENE IV.

Une foule nombreuse d'hommes et de femmes entrent en se pressant.

CHOEUR.

Ah ! quelle ivresse !
Les plus beaux nœuds
Par la tendresse ,
Vont être formés à nos yeux,
Faisons éclater jusqu'aux cieux
Notre allégresse.

SCENE V.

LES PRÉCÉDENS, STÉPHANIE, LÉONATIE, *leurs parens et amis.*
(*Marche religieuse.*)

LÉONATI.

Ma fille, vous touchez à l'instant le plus important de votre vie ! vous allez passer de mes mains dans celles d'un époux vertueux et chéri ; les devoirs d'épouse vont remplacer ceux de fille ! mon pouvoir sur vous va cesser ; mais aimez-moi toujours et songez que s'il est un terme ou s'arrête l'autorité d'un père, il n'en est point où s'arrête sa tendresse.

(*Stéphanie se met à genoux devant son père.*)
(*Musique.*)

STÉPHANIE.

O ! mon père, en cet instant,
Daignez bénir votre enfant.

LEONATI.

Dieu juste entends ma prière,
Exauce le vœu d'un père,
Verse tes dons précieux
Sur cet enfant qui m'est chère
Et dont je suis glorieux.

(*il se penche avec tendresse sur Stéphanie.*)

Le chœur.

Heureux père jouis du bonheur de ta fille,
Du cieus il est le doux signal,
Comme la pudeur brille
Sur son front virginal !

SCENE VI.

LES PRÉCÉDENS, SALVATOR.

LÉONATI, *à Salvator, en lui amenant sa fille.*

Vertueux Salvator, approchez, hâtez-vous
D'unir ces deux jeunes époux !

SALVATOR.

(*à Montano qui ne s'approche pas.*)

De mes mains, seigneur, venez prendre
L'objet que vous sûtes choisir !
A cette épouse aimable et tendre
Consentez-vous à vous unir ?

MONTANO, *relevant la tête et d'un ton ferme.*

Non !

TOUS, *s'écriant à la fois*

Ciel !

MONTANO.

Telle est ma réponse !
Léonati, j'honore tes vertus,
Mais à ta fille je renonce,
Je le dois, nos nœuds sont rompus !

STEPHANIE.

Qu'entends-je, hélas !

LEONATI, *et ses amis avec fureur.*

Ah ! quel outrage !

LEONATI, *à Montano.*

Ah ! traitre ! en vain tu prétend,
Déshonorer mes vieux ans,
Cette main qu'affaiblit l'âge
Peut encor trouver ton cœur,

(s'avançant, la main sur son épée.)

D'un si sanglant outrage ,
De mon sang épuisé ranime la chaleur.

(Amis de Léonati, mettant aussi la main sur leurs épées.)

Secondons sa fureur !

(Amis de Montano , faisant le même mouvement.)

Craignez aussi notre fureur.

(Salvator se jette entre eux , ils s'arrêtent.)

Insensés, qu'allez-vous faire ?
Respectez ce sanctuaire !
Gardez vous de l'ensanglanter !

(à Montano.)

Et vous, à cet éclat extrême,
Parlez, qui vous a pu porter,
Expliquez-vous à l'instant même.

L E O N A T I , *et tous les assistans.*

Oui, qu'il s'explique à l'instant même.

L E O N A T I, *et ses amis.*

S'il ne s'explique à l'instant même
Rien ne pourra nous arrêter.

M O N T A N O.

Oui , je parlerai... oui, je m'expliquerai ; je croyais que
la perfide se respecterait encore assez pour ne pas venir à l'autel, elle a eu cette audace. . . . je ne ménage plus rien ! Léonati, Salvator, peuple, vous tous qui m'entendez , apprenez
la perfidie la plus infàme ! cette Stéphanie qui porte un air
si doux , si modeste, elle a trahi ses sermens , son honneur ,
et l'amant le plus tendre ! vous savez tous si je l'adorais ! ah !
j'aurais donné ma vie pour la trouver innocente , et je pleure
encore d'amour en publiant son opprobre ! il n'est que trop
certain ! sachez que la veille de son hymen , sachez que cette
nuit même, l'infidelle a introduit un homme dans son appartement.

S T É P H A N I E.

Ou suis-je ! est-ce Montano qui a parlé ! oh ! mon dieu !
secourez moi.

S A L V A T O R , *à Montano.*

Seigneur, qu'avez-vous osé dire ?

L É O N A T I.

Qu'il le prouve , ou ma juste vengeance.

FINAL.

MONTANO.

J'atteste le ciel vengeur,
Que mes yeux ont vu son crime.

STEPHANIE.

J'atteste le ciel vengeur
Que je n'ai point commis de crime.

SALVATOR.

Ah ! je crains que d'une erreur
Elle ne soit la victime.
Quel autre témoin?...

ALTAMONT, *et les amis de Montano.*

Non, ce n'est point une erreur,
Nous avons tous vu le crime;
Nous le jurons sur l'honneur.

LEONATI, *consterné.*

Plus de doute ! ô ! honte ! ô ! douleur !

Ensemble.

Le Chœur.   Oui, plus de doute elle est coupable.
SALVATOR   Je ne puis la croire coupable.
STEPH.   Hélas ! je ne suis point coupable.

LÉONATI et MONTANO.

De tant de soins
De tant d'amour   ciel voilà donc le prix !

TOUS.

Sortons, fuis cet objet coupable,
Qui n'est digne que de mépris!

MONTANO.

Oui, fuyons cet objet coupable
Qui n'est digne que de mépris.

Chœur.

Oui, plus de doute, elle est coupable,
Et n'est digne que de mépris.

LEONATI.

O ciel ! quelle douleur accable
Mes sens par la honte interdit.

Amis de Léonati.

O ciel ! quel douleur accable
Ses sens par la honte interdit.

SALVATOR.

Je ne puis la croire coupable,
Mes sens demeurent interdits.

STEPHANIE et MONTANO, *qui s'éloignent.*

Non, non, je ne suis point coupable,
Arrêtez, hélas ! tu me fuis.

(Montano et ses amis sortent vivement.)

SCENE VII.

LES PRÉCÉDENS, excepté Montano et ses amis.

(Dès que Montano est parti, Stéphanie s'élance vers son père.)

STÉPHANIE.

Mon père !

LÉONATI, *avec la derniere fureur.*

Ote toi de ma vue !

Fille indigne ! je te maudis!

(il jette avec violence sa fille qui va tomber loin de lui ; Salvator la retient.)

(Il sort.)

SCENE VIII.

LES PRÉCÉDENS, excepté LÉONATI.

STÉPHANIE.

Dieu, ce dernier coup me tue !

(Tous les personnages se rassemblent et se grouppent autour d'elle avec l'air de la compassion.

SALVATOR.

O dieu puissant ! de sa colère

N'exauce pas le vœu cruel.

STEPHANIE *qui a repris ses sens à ce dernier mot.*

Il n'est plus tems, *(à Salvator.)* votre bonté m'est chère.

Mais mon cœur est, hélas ! frappé du coup mortel,

Il n'est plus tems, j'en mourrai.

(elle retombe sans counaissance.)

TOUS.

Prends pitié de son sort et rends lui la lumière

(On emporte Stéphanie, tout le monde sort.)

Fin du second Acte.

ACTE III.

SCENE PREMIERE.
MONTANO, CHEVALIERS.

MONTANO.

Mes amis, dois-je ajouter foi,
Au bruit que partout on publie ?
Un tribunal s'élève, et contre Stéphanie
Elle ne fut jamais coupable qu'envers moi.

LE CHŒUR

Elle est coupable en vers la loi ;
Oui, l'infidélité sur ces bords est punie.
Nous attestons tous qu'elle a trahi sa foi,
Nous vengerons l'hymen et ton ignominie.

MONTANO.

Ami, qu'elle peut être son sort,
Un châtiment léger.

Chœur.

La mort !

MONTANO.

La mort !... grace, grace pour elle,
J'ignorais cette loi, sans ma fatale erreur,
Quoique sa trahison dut causer ma fureur,
Ma bouche n'eut jamais accusé l'infidelle,
Grace pour elle.

Chœur.

Point de grace !... son crime est trop noire trop affreux !
Nous allons déposer...

MONTANO.

Epargnez Stéphanie,
Si vos discours lui font oter la vie ,
Vous me rendrez encor plus malheureux.

Chœur.

Non, non, point d'indulgence !

MONTANO.

Je l'aime encor...

Chœur.

Qu'elle perde le jour.

MONTANO.

Je l'aime encor.

Chœur.

L'honneur.

MONTANO.

L'amour!

Chœur.

Qu'elle meure.

MONTANO.

Ecoutés la pitié.

Chœur.

La vengeance.

Nous ne voyons que votre offence,
Elle vous a trahi, qu'elle perde le jour.

SCENE II.

MONTANO, *seul.*

Malgré mes prières et mes larmes, mes cruels amis vont
déposer contre Stéphanie; ils vont au tribunal, et bientôt peut-être... Mais, hélas! il est trop vrai qu'elle m'a
trahie!... Mais je l'adore encore, et son supplice est une idée
que je ne puis supporter; faut-il que sa mort soit mon ouvrage! Ah! malheureux Montano!

SCENE III.

MONTANO, SALVATOR.

MONTANO.

ROMANCE.

Infortuné! j'ai commandé sa mort!
Sa mort, hélas! lavera mon injure!
Mais je le sens, j'aime encor la parjure;
Et malgré moi je pleure sur son sort.
Cruel objet de ma flamme trahie,
En te perdant, je vais perdre la vie.

Pour me venger, guidé par la fureur!
J'ai publié ton crime et mon offense;
Mais je le sens, oui, malgré l'évidence!
L'amour encor te défend dans mon cœur.
Cruel objet de ma flamme trahie,
En te perdant, je vais perdre la vie.

O toi qui vois les tourmens de mon cœur,
Viens mettre un terme aux peines que j'endure;

Du même coup qui punit la parjure,
Finit les jours de son accusateur.
Cruel objet de ma flâmme trahie,
En te perdant, je vais perdre la vie.

C'est vous, digne Salvator !.... vous voyez le plus infor-
né des hommes !

SALVATOR.

Vous pleurez maintenant, à la fureur succède les larmes.

MONTANO.

Oui, et les larmes les plus amères ; Stéphanie va périr.

SALVATOR.

Vous l'avez voulu.

MONTANO.

Je ne connaissais pas cette cruelle loi.

SALVATOR.

Malheureuse Stéphanie !

MONTANO.

Que j'aime à vous voir cette pitié pour elle ! vous me com-
prendrez, vous, vous sentirez toutes les souffrances de cette
ame déchirée ; mes amis ! ils me répondent honneur quand je
leur parle tendresse ; ils me répondent vengeance ! quand je
leur dis amour !.... Vous ne leur ressemblez pas.... non,
je sens que je suis près d'un cœur fait pour entendre le
mien.

SALVATOR.

Vous m'intéressez, malheureux jeune homme... Ne pou-
vez-vous pas, près de ses accusateurs....

MONTANO.

Je ne peux rien !... les barbares brûlent de déposer contre
elle.

SALVATOR.

Eh ! qui peut les animer à ce point contre cette infor-
tunée ?

MONTANO.

La vue de sa trahison.

SALVATOR.

De sa trahison ?

MONTANO.

Oui, ils en furent tous témoins... et moi aussi... Mes proprcs yeux. . .. Ah ! Stéphanie ! Stéphanie ! réserviez-vous un prix aussi cruel au plus tendre amour !

SALVATOR.

Montano, je vous plains. . . . . que n'êtes-vous en état de m'entendre.

MONTANO.

Je vous écoute, Salvator.

SALVATOR.

Vous dites que vous avez été témoin de la trahison de Stéphanie ?

MONTANO.

Sans doute.

SALVATOR.

Vous vous serez trompé, quelque erreur a séduit vos sens.

MONTANO.

Quelque erreur !. . .

SALVATOR.

J'ai vu naître Stéphanie, j'ai vu se développer tous les sentimens de son cœur.

MONTANO.

Se pourrait-il !

SALVATOR.

C'était la candeur, la sensibilité même, on ne franchit pas si rapidement l'interval qui sépare le crime et la vertu... Je vous le répète, vous vous serez trompé.

MONTANO.

Serai-je assez heureux pour qu'une apparence... Ah ! Salvator, n'abuse pas de ma faiblesse.

SALVATOR.

En abuser !... je ne veux que le triomphe de la vérité !

MONTANO.

Mais Altamont lui-même.

SALVATOR.

Altamont !... êtes-vous bien sûr de cet Altamont ?

MONTANO.

C'est mon ami.

SALVATOR.

Montano. . . . voulez-vous que je vous fasse part de mes soupçons ?

MONTANO.

Parlez , parlez , mon père.

SALVATOR.

Il y a ici une trame abominable ! savez-vous qui je soupçonne d'en être l'auteur ? Altamont.

MONTANO.

Altamont ! il est vrai que le premier il m'a donné des
doutes sur Stéphanie , mais pourquoi ?...

SALVATOR.

Pour vous punir d'en être aimé ; je le crois votre rival.

MONTANO.

Lui , mon rival !... ah ! s'il était vrai...

SALVATOR.

Je n'ai point de preuves ; mais j'ai de fortes présomp-
tions.

MONTANO.

Expliquez-vous.

SALVATOR.

Quand vous avez accusé Stéphanie , j'observais Altamont.

MONTANO.

Eh bien ?

SALVATOR.

Il a pâli.

MONTANO.

En effet, j'ai cru le voir.

SALVATOR.

Il n'a pas joint son serment à celui des autres che-
valiers.

MONTANO.

En effet , je me le rappelle.

SALVATOR.

Enfin , de peur sans doute qu'une longue entrevue vous ra-
mena vers Stéphanie , il vous a entraîné hors du temple.

MONTANO.

En effet !... Je cours l'interroger ; il faudra que les doutes
que vous m'avez inspiré...

SALVATOR.

Je vous laisse pour connaître la vérité ; vous vous sentez la
force de vous modérer et de feindre.

MONTANO.

Ah! je me sens la force de tout faire pour m'assurer que
Stéphanie n'est point coupable.

SALVATOR.

Calme, prudence et adresse.

MONTANO.

Je suivrai votre conseil... Ah! mon père! je savais bien
que je trouverais en vous un consolateur.

SALVATOR.

Je retourne vers Stéphanie, puisse notre entretien la rendre à votre amour. (*il sort.*)

SCENE IV.

MONTANO, *seul.*

Quelle incertitude il m'a laissé!.. Une amante!.. un
ami!.. qui des deux m'a trahi? Se pourrait-il, que sous le
voile de l'amitié.... il faudrait qu'Altamont fut un monstre!..
Cependant, s'il aime Stéphanie, il a été capable de tout.
Oui, pourquoi cette nuit, m'a-t-il arrêté quand je voulais
percer le traître qui montait à ce balcon... Une trame....
ce respectable prélat soupçonne qu'Altamont... Mais quels
moyens a-t-il pu employer... J'ai bien vu Stéphanie elle-
même recevoir... je m'y perds... Allons trouver Altamont...
le voici, il me semble en effet que je suis près d'un rival;
observons-le bien.

SCENE V.

MONTANO, ALTAMONT.

ALTAMONT.

Mon cher Montano, c'est un ami qui vient te con-
soler.

MONTANO, *à part.*

Que ses regards me semblent faux! je ne les avais pas encore remarqués.

ALTAMONT.

Tu gardes le silence? n'as-tu rien à dire à l'amitié qui
vient t'offrir son appui?

MONTANO.

J'en ai besoin, tu m'as porté un coup affreux.

ALTAMONT.

Sois homme, tu as eu le courage de confondre une perfide, aies celui de ne point t'affliger de sa mort.

MONTANO.

Elle n'est pas encore condamnée, Altamont.

ALTAMONT.

Elle va l'être. Le tribunal s'assemble, et ma déposition et
celle des autres témoins...

MONTANO.

Mais n'arrive-t-il pas quelquefois qu'au moment où le juge
va prononcer la sentence, des clartés inattendues... (à part)
Il pâlit, ô! Stéphanie!

ALTAMONT.

Eh bien ?...

MONTANO.

Oui, des circonstances qu'on ne prévoyait pas, trans-
forment le coupable en innocent, l'accusé en accusateur.
(à part) Son trouble augmente.

ALTAMONT.

Il est vrai ; mais ici la certitude...

MONTANO.

Altamont ?..

ALTAMONT, *la voix extrêmement altérée.*

Montano....

MONTANO.

Il se répand un bruit...

ALTAMONT, *de même.*

Un bruit ? ... Quel est-il ?

MONTANO.

Qu'as-tu donc ? tu ne parais pas tranquille.

ALTAMONT, *avec embarras.*

Puis-je l'être, quand je mène une femme à la mort.

MONTANO.

Une femme à la mort ?.. Et tout-à-l'heure tu m'engageais à
voir périr tranquillement Stéphanie, que j'ai adorée... et toi
à qui elle n'inspire aucun intérêt...

ALTAMONT, *avec un grand trouble pendant toute
la scène.*

Ah ! sans doute , aucun.

MONTANO, *à part.*

Il l'aime !.... (*haut*) Comment se fait-il que tu te
troubles ?

ALTAMONT.

Je ne suis point troublé.

MONTANO.

Tu l'es , misérable, et je vois trop...

ALTAMONT.

Que vois-tu ?

MONTANO.

Que tu aimes Stéphanie , et que tu m'as trompé !

ALTAMONT.

Moi ?...

MONTANO.

Toi-même !. l'altération de ta voix, la pâleur de ton
front , tout annonce un coupable... Tu cherches vainement à
te remettre, tes efforts font éclater encore plus et ton indigne amour et ta lâche imposture !

ALTAMONT.

Montano ; eh ! comment aurais-je pu....

MONTANO.

J'ignore quels moyens tu as employés, mais il est sûr que
tu m'as joué indignement, et malheur.... Ciel ! quelle lumière soudaine vient me luire. Hier , il était nuit , quand
sur ce balcon.... N'est-il pas possible qu'une autre que Stéphanie.. Tu sors, reste, reste malheureux, et réponds, était-
ce bien Stéphanie ?

ALTAMONT.

Peux-tu m'interroger ainsi ?

MONTANO.

Etait-ce bien Stéphanie ?

ALTAMONT.

Ne l'as-tu pas vue comme moi ? réfléchis donc , quels in-
dignes soupçons fais-tu éclater; est-ce là le prix de mon zèle?
j'apprends que tu vas conclure un mariage honteux, j'accours
t'avertir ; je m'expose pour ton seul intérêt au ressentiment

d'une famille puissante ! et, après tant de dévouement, tu me soupçonnes, tu me menaces ! tu me traites en ennemi ! ma vengeance sera de te servir malgré toi, je connais le devoir d'un véritable ami; je le remplirai jusqu'à la fin... Le tribunal s'assemble, je vais y déposer contre la parjure qui n'acceptait ton nom que pour le déshonorer.

MONTANO.

Tu n'iras pas !

ALTAMONT.

Qui pourra m'arrêter ?

MONTANO.

Moi.

ALTAMONT.

Aveugle que tu es !

MONTANO.

Je ne souffrirai pas que tu flétrisses une seconde fois l'innocence ! puisque tu ne veux pas m'avouer la vérité, c'est dans ton infâme sang que je la chercherai ; je t'appelle au combat.

ALTAMONT.

Tu veux attaquer les jours d'un ami ?

MONTANO.

Les jours d'un traître !... Tu hésites !... je ne dois pas m'en étonner, un imposteur fut toujours un lâche !...

ALTAMONT.

Un lâche !... ce mot me décide ! j'accepte ton défi ; mais avant d'engager le combat, je veux te donner la mort ! écoute, tes soupçons sont tous vrais, j'adore Stéphanie ! furieux de ne point l'obtenir, j'ai voulu me venger et d'elle et de toi.

MONTANO.

Te venger, barbare.

ALTAMONT.

Connais tout, je t'ai fait voir une femme sur le balcon de Stéphanie, recevant un amant ; cette femme était une étrangère, revêtue de ses habits, cet amant était gagné comme elle... c'est là ce que j'ai voulu t'apprendre ; mais c'est ce que tu sauras, seul, vainqueur ou vaincu, j'emporte mon secret avec moi, et ta Stéphanie n'en est pas moins condamnée. A

présent, je suis prêt à te suivre au combat , j'y marche avec
la certitude que jamais tu ne posséderas l'objet qui a pu brû-
ler pour une autre que pour moi.

MONTANO.

Viens, viens, malheureux, recevoir le prix dû à tant d'a-
trocités !

ALTAMONT.

Je suis impatient de te déchirer !

MONTANO.

Viens que je m'abreuve de ton sang.

ALTAMONT.

Suis moi.

MONTANO.

Marchons.   (*ils sortent.*)

SCENE VI.
SALVATOR, STÉPHANIE, GARDES.
DUO.

SALVATOR , *à Stéphanie.*

J'aime à vous voir cette constance.

STEPHANIE.

Je meurs victime, hélas ! de rapports imposteurs ;
Mais je laisse le trouble à mes accusateurs.

SALVATOR.

Vous comptez sur le dieu vengeur de l'innocence.

STEPHANIE.

Montano me soupçonne, il me trahit, il me fuit,
Pourrais-je redouter l'arrêt qui me ménace.
Je voudrais que du moins mon père me fit grace ;
J'irais plus calme encor dans l'éternelle nuit.
Le voici, son aspect redouble ma colère.

TRIO.

LEONATI, *qui entre,* SALVATOR et STEPHANIE.

L'ingrate que j'aime toujours,
Elle a flétri mes derniers jours,
Je rougis du doux nom de père.
Le voici, sur son front respite la colère.
Qu'elle erreur ! il pense toujours
Que j'ai } flétri ses derniers jours.
Qu'elle a }

C'est à vous de me } rendre un père.
C'est à moi de lui }

Ensemble,

SALVATOR.

Léonati, calmez votre colère,
  Léonati, daignez tourner
Sur votre fille un regard moins sévère,
  Elle va perdre la lumière;
N'eut-elle pas commis un crime imaginaire,
L'exemple d'un dieu même apprend à pardonner.

TRIO.

LEONATI.

Ma fille, Hélas ! va perdre la lumière,
Ou suis-je? je ne puis contempler sa misère,
Nature, dans mon cœur, j'entends, j'entends sa voix;
  Oui, le sang fait fuir sa colère,
  Je me rends à ses droits.

LEONATI.

Stéphanie ô fille toujours chère,
Innocente ou coupable embrasse encor ton père.

LEONATI et STEPHANIE.

O doux retour, heureux moment !
O doux retour, ô sort prospère.

L'OFFICIER.

Madame, au tribunal, suivez-nous, il est tems.

SCENE VII.

LES PRÉCÉDENS, MONTANO.

MONTANO, *entrant avec le peuple.*

Arrêtez ! arrêtez ! elle est innocente !

STÉPHANIE.

Ciel !

SALVATOR.

Je l'avais prévu.

LEONATI.

Ma fille est innocente !

MONTANO.

Oui ; une femme gagnée à force d'or, et revêtue des habits
de Stéphanie, un valet déguisé, les ombres de la nuit, les
rapports d'un lâche et faux ami ont seuls causé ma fatale erreur ; mais aux portes du trépas, la justice divine, prête à
s'apésantir sur ce vil imposteur, a fait passer le remord dans
son ame, et devant tout un peuple attiré par le bruit de nos

armes, il vient d'avouer son crime et de rendre l'honneur à Stéphanie ; je l'ai vengée, Altamont n'est plus.

LÉONATI.

Altamont.

STÉPHANIE.

Ciel !

LÉONATI.

O ma fille !

SALVATOR.

Oh ! divine providence !

MONTANO.

Mais je n'en suis pas moins coupable à mes yeux puisque j'ai pu douter un moment de votre amour, prononcez, j'attends mon arrêt à vos pieds.

(*Musique.*)

MONTANO.

Après cette erreur criminelle,
Suis-je encor digne de vous ?

LÉONATI.

Ton cœur de ma main cruelle
Reçu les plus sensibles coups.

STÉPHANIE.

Vous m'avez rendu votre estime,
Montano me rend son amour ;
Je veux oublier sans retour,
L'erreur dont je fus la victitime.

Chœur.

O cœur généreux !
O moment heureux,
Allons renouer les chaînes
Que rien ne pourra plus briser
Que l'amour efface les peines
Que son excès a pu causer.

Chœur général.

Ah ! quelle ivresse,
Les plus heureux nœuds
Par la tendresse
Vont être formés à nos yeux,
Faisons éclater jusqu'au cieux.
Notre allégresse.

FIN.

CATALOGUE

Des pièces de théâtre qui se trouvent chez ·le même Libraire·

TRAGÉDIES.

Abdélazis et Zuleima, de Murville.
Abufar, de Ducis, en 4 actes.
Agamemnon, Lemercier.
Épicaris et Néron, en 5 actes.
Fénélon, de Chénier, 5 actes.
Geneviève de Brabant.
Manlius Torquatus.
Marius a Minturne.
Ophis, par l'auteur d'Agamemnon.
Othello, de Ducis.
Thénaïs et Zélisca.
Thimoléon, de Chénier.

COMÉDIES.

Abbé (l') de l'Epée, de Bouilly, en 5 actes.
Adélaïde de Bavières, en 3 act.
Alceste à la campagne, Demoustier.
Ami (l') du peuple, en 3 a. en vers.
Ami à l'épreuve, en un acte.
Amis (les) des loix, de Laya.
Arrivée (l') du maître, de Dumaniant.
Artistes (les), en 4 actes, Collin-d'Harleville.
Banquier (le), en 3 actes.
Cadet-Roussel, ou le café des aveugles.
Cadet-Roussel. (mort de)
Cadet-Roussel Barbier.
Cadet-Roussel maître de déclamation.
Cadet-Roussel, misantrope.
Café d'une petite ville, en 1 acte, en vers.
Canardin, ou les amours du quai de la volaille, parade.
Catherine, ou la belle fermière.
Château (le) des Appennins ou le fantôme.
Chevalier Noir (le), drame en 3 act.
Concilliateur (le), de Demoustier, en 5 actes en vers.
Conteur (le), ou les deux postes, en 3 actes.
Châteaux (les) en Espagne, de Collin-d'Harleville.
Claudine de Florian, 3 act.
Cœlina ou l'enfant du mystère, 3 actes.
Commissionnaire (le) ou Cange.
Cordonnier (le) de Damas.
Crac dans son petit castel, en un acte, en vers. de Collin.
Crimes (les) de la noblesse.
Défiances et malice, en 1 acte.
Désespoir de Jocrisse, de Dorvigny.
Deux font la paire.
Deux mères, (les) 1 acte.
Divorce (le), par Demoustier.
Double assaut, en 1 acte.
Dragons (les), de Pigault.
Dragons en cantonnement. id.
Ecoles (l') des jeunes femmes, de Collin-d'Harleville.
Empirique (l'); de Pigault.
Fausse (la) mère, en 3 act.
Femmes (les) en 3 actes, en vers de Demoustier.
Foux (les) hollendais, ou l'amour aux petites maisons.
Frères (les 2), de Patrat, en 4 act. en prose.
Henri et Périne, de Dumaniant, en 1 acte.
Homme (l') à trois visage.
Inconstant, (l') de Collin.
Isaure et Gernance, de Dumaniant.
Intérieure (l') des comités révolutionnaires.
Intrigans, (les) de Dumaniant.
Intrigue (l') épistolaire, 5 actes.
Jaloux (le) malgré lui.
Je cherche mon père.
Jeune (la) hotesse.
Jocrisse changé de condition.
Jocrisse congédié, de Dorvigny.
Jodelet, de Dumaniant.
Jugement de Salomon.
Kiki, ou l'île imaginaire, folie en 3 actes.
Kosmouck, ou les Indens en Angleterre, en 5 actes.
Laure et Fernando, en 4 act. de Dumaniant.
Lovelace français.
Madame Angot au sérail.
Maison (la) de prêt, en 3 actes.

Mariniers de Saint-Cloud.
Mari (le) coupable.
Mariage (le) de Jocrisse.
Marquise (la) de Pompadour.
Minuit, de Desaudras.
Mœurs du jour, en 5 actes.
Naufrage, (le) ou les héritiers, Duval.
Niais de Sologne.
Nitouche et Guignolet, en 1 acte, de Dorvigny.
Nourjahad et Chérédin, en 4 act. en prose
Orpheline, (l') de Pigault.
Paix, (la) de Aude, en 3 actes.
Partie de chasse de Henri IV, n. édit.
Paméla, en 5 actes, en vers.
Perruque (la) blonde, Picard.
Petit Mensonge, (le) 1 acte.
Préjugé (le) vaincu.
Provinciaux (les) a Paris, en 4 act. de Picard.

René Descartes, de Boully.
Rivaux (les) d'eux-mêmes.
Robert, chef des brigans.
Roland Monglave.
Rosa ou l'hermitage du torrent.
Rosélina ou le château de Torento.
Ruse déjouée, de Dumaniant.
Secret découvert, Dumaniant.
Sérail du Grand Mogol, 3 actes.
Sourd (le) ou l'auberge pleine.
Souper (le) des Jacobins.
Souper (le) imprévu, ou le chanoine de Milan.
Tribunal invisible, 3 actes.
Tribunal redoutable, suite de Robert.
Vengeance (la), de Patrat.
Victimes (les) cloîtrées.
Veuve (la) du républicain.
Victor ou l'enfant de la foret.
Vieux (le) célibataire, de Collin-d'Harleville.

OPÉRA.

Ambroise, de Monvel, 2 act.
Anacréon chez Policrate.
Aveugles (les) de Francouville, 1 a.
Bénouski, de Duval, 3 act.
Deux journées, Boully.
Duel (le) de Bambin, de Dumaniant.
Entresol (l').
Épreuve (l') du républicain.
Faux (le) monnoyeur.
Gulnare, de Marsollier.
Léonore, ou l'amour conjugal.
Maison (la) isolée.
Mari d'emprunt, en 1 acte.
Montano et Stéphanie, 3 actes.
Mélidor et Phrosnie.
Odoiska, ou les tartares.
Oncle (l') et le valet, Duval.

Owinska, en 3 actes.
Pauvre (la) femme.
Pierre le Grand, de Bouilly.
Prisonnière (la), en 1 acte.
Raoul barbe bleue, de Sédaine.
Raoul, sir de Créquy, de Monvel.
Sargines, de Monvel.
Sophie et Moncar, de Guy.
Stratonice, en 1 acte.
Trente et Quarante, Duval.
Une matinée de Catinat, ou tableau, de Marsollier.
Venzel, ou le magistrat.
Visitandines, (les) de Picard.
Zoé, ou la pauvre petite.
Zoraïme et Zulnare.

VAUDEVILLES.

Amans (les) prothée.
Amours (les) de M. Jaquinet.
Assemblées (les) primaires.
Avare (l') et son ami, par Radet et Rabauteau.
Aveugles (les) mendians, en 1 act. de Léger.
Banqueroute du Savetier, en 1 act. de Marrainville.
Berquin, en 1 acte.
Billet de logement, en 1 acte.
Boites (les) du camp de Grenelle.
Cadet Roussel aux Champs-Elisées, ou la colère d'Agamemnon.

Cacaphonie, (la) ou la paix.
Champs (le) de Mars.
Chasse (la) aux loups.
Chaudronier (le) de Saint-Flour.
Cricri, ou le mitron de la rue de l'Oursine, par l'auteur des deux Jocrisses.
Christophe Morin, en 1 acte.
Danse (la) interrompue, de Barré et Ourry, en 1 acre.
Déguisement villageois.
Désirée, ou la paix au village, allégorie, en 1 acte, par Étienne Moras et Nanteuil.

Dentiste (le) , de Martainville.
Deux (les) pères pour un.
Deux (les) Jocrisses, de Armand Gouffé.
Diner d'un héros, en 1 acte.
Ecole des mères , ou Cendrillon , 2 actes, Desfontaines.
Fagotin, ou l'Es piègle de l'île Louvier, de Duval.
Florian, par 'auteur de l'Abbé de l'Epée, en 1 acte.
Frosine, ou la dernièie venue, épisodique, de Radet
Galant (le) savetier,
Hiver (l') ou les deux moulins.
Ida , ou que deviendra-t-elle ? de Radet, 2 actes.
Intérieur (l') d'un ménage républicain.
Intrigue (l') de carrefour , de Martainville, auteur du Concert Feydeau.
Jean-Monet, directeur de l'Opéra-Comique, en 1 acte.
Jolie (la) Parfumeuse , ou la robe de conseiller, en 1 acte.
Madame Angot ou les poissardes parvenues.
Mariage de Nanon, suite.
Mariage, (le) de Dufresny.
Mon oncle Antoine, en 1 acte.
Mur mitoyen, en 1 acte.
Nicaise, Armand-Gouffé.
Noce (la) de Lucette.
Noé ou le monde repeuplé.

Papirius, où les femmes telles qu'elles étaient, en 1 acte.
Parchemin, greffier de Vaugirard, en 1 acte, par un des auteurs de Vadé à la Grenouillère.
Petits (les) Montagnards.
Philippe le Savoyard, ou l'origine des Pont-Neufs, en 1 acte, Arm. Gouffé.
Pigmalion à Saint-Maur.
Piron à Beaune , en 1 acte.
Portraits au salon, en 1 acte.
Pour et Contre , en 1 acte.
Prétendu de Gisors.
René le Sage, 3 actes.
Revue (la) de l'an VI.
—de l'an VIII.
—de l'an IX.
Robert le Bossu, en un acte.
Soirée aux Champs-Elisées.
Suspects, (les) de Picard.
Tableaux (le) des Sabines.
Télémaque cadet.
Un , deux, trois et quatre ou les quatres Constitutions , par Martainville , 2 actes.
Vaccine [la], folie-vaudeville, 1 a.
Vadé chez lui, en 1 acte.
Villageois [le] qui cherche son veau.
Ville [la] et le village, en 1 acte.
Vieux Major [le] , en 1 acte.
Le Chat Botté, 4 actes, Cuvelier.
Crispin tout seul, 1 acte.

9 782013 020978